AF229813

SITUATION GÉNÉRALE

LETTRE

A M. BARODET

DÉPUTÉ DE LA SEINE

PAR

M. FR. JOISELLE

PRIX : **30** CENTIMES

PARIS

EN VENTE A LA LIBRAIRIE GODET JEUNE

9, PLACE DES VICTOIRES, 9

—

1874

SITUATION GÉNÉRALE

LETTRE
A M. BARODET

Monsieur le Député,

A l'époque où les négociants ont fait l'inventaire de leurs marchandises, où chacun regarde avec inquiétude l'état de son passif et de son actif, je viens vous exposer les motifs des soucis qui m'assiégent et qui tourmentent aussi un grand nombre de mes amis.

180,000 pauvres diables vous ont nommé représentant à l'Assemblée nationale; j'étais du nombre, Monsieur, et c'est le seul titre que je puisse invoquer pour obtenir audience.

Vous n'ignorez pas tous les on dit qui ont été répétés au sujet de votre nomination : les uns vous prenaient pour affirmer un principe, les autres pour harceler monsieur Thiers, enfin la majeure partie, parce que l'on vous proclamait radical.

Or, pour les gens du peuple, l'épithète de radical répond à toutes les aspirations, c'est le *goddam* de Figaro, c'est le fond de la langue démocratique. Peu de gens ont nommé

M. Barodet, parce qu'il était M. Barodet, c'est-à-dire un honnête citoyen ayant fait ses preuves et notamment comme maire de Lyon. Moi, je vous ai choisi, parce que vous paraissiez assez brave pour oser représenter la partie souffrante de Paris. Hélas! ce pauvre Paris ne chantait déjà plus avec Béranger :

> Les gueux, les gueux
> Sont les gens heureux ;
> Ils s'aiment entre eux.
> Vivent les gueux !

Donc, Monsieur, vous me paraissiez téméraire quand vous étiez candidat. Aujourd'hui, je ne viens pas vous demander des explications, chacun sait qu'un député ne relève que de sa conscience. D'ailleurs, je ne suis qu'un cent quatre-vingt millième de la fraction que vous représentez, je suis en bas, vous êtes en haut et, comme tous vos honorables collègues, vous avez cette grâce d'état dont je suis dépourvu. Mais si j'expose mes appréhensions et mes doutes, cela me semble permis et je commence.

Nos soucis sont nombreux : l'ouvrier et l'employé ne savent plus comment gagner leur vie; s'ils s'adressent au commerçant ou au fabricant, l'un montre son magasin sans acheteur, l'autre sa fabrique déserte. Les denrées alimentaires sont chères, les objets de première nécessité ont augmenté de prix, les impôts sont écrasants, les emplois inaccessibles à bien des gens, le travail mal rétribué, enfin la situation est intolérable.

Quand j'ai recherché la cause de cette profonde misère, les uns m'ont dit : « Ah! si nous avions l'empire, il n'en serait pas ainsi. » Cependant, à l'exception de M. le préfet de la Seine et de M. le préfet de police, chefs de divisions, chefs de bureaux, tout le personnel de ces administrations me paraît être à sa placé. Nous avons même, et en plus, M. le général Ladmirault, qui leur prête son concours.

« Ah! me disent d'autres personnes, si nous avions le roy! si, au lieu du régime du sabre, le pouvoir était confié à quelques-unes de nos lumières de l'Église! vous verriez, et comme par enchantement, la charité donner l'essor au travail. »

Mais il me semble que jamais ces lumières de l'Église n'ont jeté un plus vif éclat.

La France a pu s'écrier avec le poëte :

> Et quel temps fut jamais plus fertile aux miracles !

« Ah! me disent enfin les derniers, si nous avions la République, mais la bonne, la République conservatrice...! »

Comment, monsieur le député, est-ce qu'elle ne régnerait pas encore cette République conservatrice, est-ce que nos républicains seraient absents de la Chambre? Cependant je les aperçois tous au centre, à gauche, à l'extrême gauche dans un état de conservation qui fait plaisir.

Eh bien! Monsieur, je conviens que je suis assez simple pour ne savoir décider lequel pourrait avoir raison, lequel pourrait avoir tort. J'incline à faire comme certains journaux: ceux-ci, imitant le renard de la fable, allèguent un grand rhume, sans odorat, ils s'en tirent. Pourquoi les affaires souffrent-elles, disent-ils, cherchez-en la raison, l'étranger en est la cause. Paris est rempli de veuves, de femmes et de filles qui ne peuvent pas souvent gagner 1 franc par jour, c'est l'étranger, c'est ce maudit étranger; voyez à Vienne, les banqueroutes, voyez à New-York, les craintes du commerce, voyez en Prusse, oui, en Prusse, voyez...

Non, je ne vois pas, mais vous, Monsieur, c'est autre chose, vous êtes mieux placé et votre lanterne est éclairée. Quant à mes doutes, j'avoue que je ne voudrais pas qu'on m'accusât de me mêler de politique. Si j'en fais, c'est comme M. Jourdain faisait de la prose, sans le savoir. Oh ! si j'étais à l'Assemblée, je demanderais à M. Dufaure, qu'on peut appeler aussi l'*ange de l'école*, où commence la politique et où elle finit.

Mes doutes reposent sur l'ignorance où je suis du travail que les radicaux ont fait pendant les loisirs des vacances, enfin, sur ce qu'ils font et sur ce qu'ils prétendent faire en 1874. J'ai dit radicaux, Monsieur, d'abord parce que vous êtes classé dans ce groupe, ensuite, parce que je sais que d'autres groupes ont aussi travaillé dans l'intérêt de la France, qu'on les voit et qu'on les verra longtemps à l'œuvre, s'il plaît à Dieu et à trente millions de ses créatures.

Les républicains du milieu nous ont dit qu'on l'avait échappé belle. Monseigneur le comte de Chambord devait revenir de son long exil, sous le nom de Henri le cinquième. Assurément ce n'est pas moi qui l'en ai empêché. Mes petits enfants auraient été tout joyeux d'entendre le carillon des cloches mêlé aux fanfares militaires ; ils auraient battu des mains en contemplant les voitures de gala commandées chez Binder, et la belle procession qui aurait eu sa tête aux portes de la ville et sa queue au parvis Notre-Dame.

Serait-ce vous, monsieur, ou quelqu'un des vôtres qui nous avez privé de cette pompe dont le commerce eût recueilli de bons profits ?

Mais non ; un ami me dit à l'oreille, que les radicaux se sont effacés, qu'ils se taisent, qu'ils feraient peur, qu'on n'est pas habitué à leur grosse voix, enfin, que s'ils remuaient, il se dégagerait une odeur de pétrole capable de nous faire émigrer. Les radicaux, ajoute mon ami, sont fondus maintenant avec la gauche et le centre gauche.

Hélas ! cette fusion nouvelle ne m'explique rien et ne fait qu'ajouter à mes doutes. En effet, monseigneur de Chambord ne devait-il pas venir à la Chambre et dire : « Messieurs, je suis le roy ! » Qui donc a pu l'arrêter et, puisque les radicaux gardaient un modeste silence, le roy a-t-il pu craindre que M. Jules Favre, baigné de larmes, ne s'écriât :

« Fuyez sire… les sanglots étouffent ma voix… » Mais déjà M. de Bismark n'a pas été touché par ces larmes et Monseigneur se serait empressé de dire : « Rassurez-vous, monsieur, je ne viens pas vous demander cinq milliards, nous sommes en famille, je prends ma place, voilà tout. »

Si les députés républicains sont étrangers à la retraite de Monseigneur de Chambord, j'ai quelques raisons de vous dire qu'il faut excuser mon ignorance quand je recherche ce que les radicaux avaient prévu et ce qu'ils prévoient.

Mon ami, toujours le même qui-veut m'être agréable, me fournit les explications suivantes : « Les radicaux, dit-il, ont prévu l'éclipse de la royauté et poussé à la République en prorogeant les pouvoirs de monsieur le maréchal de Mac-Mahon. C'est une erreur grossière de penser que la droite a eu le mérite de changer la perte de la bataille en savante retraite. Avez-vous aussi remarqué avec quel entrain l'appel au peuple a été écarté pour éviter le retour de l'empire ? Et certes, l'argument de Rouher était captieux. Oui mon cher, oui, tout était prévu.

« Monsieur le maréchal de Mac-Mahon est le Président qui convient à la Droite et qui ne saurait déplaire à la Gauche. Fallait-il chercher mieux et comment trouver ? Maintenant les radicaux font partie de toutes les commissions ou à peu près. S'ils parlent peu à l'Assemblée, ils tonnent dans les bureaux, enfin ils poussent toujours aux succès et sans bruit. D'ailleurs vous savez que nous avons sept ans pour préparer… »

Impatienté de tous ces détails, j'interrompis mon interlocuteur et je vous demande pardon, monsieur, de cette impatience. Je répondis simplement que nous ne vous demandions pas tant de choses. En effet, monsieur, que voulait-on obtenir quand on vous a nommé? la dissolution, rien de plus, rien de moins. Autrefois, dans le Sénat romain, il se trouva un citoyen qui, ne prenant le mot d'ordre de personne, répétait à chaque séance ces paroles terribles : « *Détruisons Carthage!* »

Or, à cette époque, le Sénat valait bien notre Assemblée française. On y riait fort peu, et cependant cet éternel refrain, *détruisons Carthage!* agissait sur les nerfs des sénateurs délicats. Que firent-ils pour se débarrasser d'une telle importunité?... Eh bien! ils détruisirent Carthage.

Est-ce que la fameuse dissolution serait plus difficile à obtenir que la prise d'une ville. Il me semble que je manquerais à toutes les convenances, si j'insinuais qu'un seul député repousserait la dissolution, parce qu'il craindrait de n'être pas réélu. Mais, supposons ce qui est invraisemblable, et ne tournerait pas à la gloire des représentants. Ces messieurs de la droite affirment que leurs électeurs pensent comme eux; ceux du centre droit disent la même chose; le reste fait chorus. Donc, puisque chaque député est sûr de ses électeurs, on peut à l'unanimité voter la dissolution... Mon Dieu! monsieur, vous me direz que cette dissolution viendra à son heure; que vous faites des choses fort utiles, et que je ne vois pas tout *le fin* de cette habileté parlementaire.

C'est vrai, monsieur, nous ne voyons pas tout *le fin* de ce que produit l'Assemblée; vos raisons peuvent être bonnes, mais vous parlez à des sourds, à des ignorants et des entêtés. Nous autres, pauvres gens, nous ressemblons à ces catholiques entiers qui disent: « *Hors de l'Église, pas de salut;* » nous disons, nous, hors de la dissolution, pas de salut. Et cela soit dit sans vous irriter, nous attendons depuis longtemps, depuis si longtemps, même, que nos forces sont épuisées. Mais patience! patience! me crient les conservateurs qui nous plaignent, et je dois le dire sincèrement. Patience! Oh! comme cette vertu est facile à pratiquer, quand le pain ne fait pas défaut!

Vous siégez au sommet de la gauche, soit, mais découvrez-vous toutes nos souffrances physiques et morales mieux que ceux qui siégent à la droite? J'en doute fort, et en voici la cause : mettez dans les plateaux d'une balance, l'or que possèdent les députés qui veulent la monarchie et celui que possèdent les députés de la gauche. Lequel des deux plateaux à votre avis serait le plus lourd? est-ce celui de droite? vous n'oseriez l'affirmer, n'est-ce pas? et vous auriez raison. Voici pourquoi vous ne sentez pas comme nous sentons ; parce que vous ne sauriez souffrir comme nous souffrons.

Vous nous prêchez la patience, parce que vous pouvez prendre patience, que vous ne manquez de rien et que vous pouvez dire au temps : marche, marche même avec lenteur, l'avenir nous appartiendra... Alors, nous paraissons importuns ; que dis-je? importuns, nous sommes des insensés prêts à devenir des fous furieux... Moi-même, au moment où je trace ces lignes, je ne me dissimule pas les objections que l'on peut me faire. Quoi! j'aurais voté pour vous et j'accuserais votre inertie! Je prétendrais aimer la République et mes plaintes amères fatigueraient tout ce qui porte le nom de républicain! Oui, toutes les apparences sont contre moi et pourquoi? parce que l'on n'ose même produire sa douleur au grand jour, parce qu'au lieu de dire : *Tu dors Brutus!* il faut flatter non plus seulement un parti mais tel ou tel groupe de ce parti.

Eh bien! je repousse ces flagorneries indignes ; que toute la vérité soit dite et à tous, sans fiel, sans injures, sans passion.

Vous, ducs et marquis, qui vouliez le bonheur de la France, qu'avez-vous fait pour votre roi? Vous l'avez convié à un festin et l'avez laissé à la porte de la salle. Un jour on pourra lui appliquer ces paroles de l'Écriture : « *Il est venu chez les siens et les siens ne l'ont pas reçu.* » Pensiez-vous lui préparer les voies par des pèlerinages à prix réduits ? La prière est une rosée qui rafraîchit l'âme, mais c'est une rosée délicate qui redoute l'action dévorante du soleil. Elle ne s'affiche pas sur les murs comme un train de plaisir. *Aimez vos ennemis !* dit l'Évangile. Si vous aviez d'abord prêché cette doctrine et si ensuite vous l'eussiez pratiquée, auriez-vous des ennemis ? auriez-vous peur de révoltes et d'incendies ? Voyons, répondez : c'est le Christ qui a commandé de les *aimer* ces ennemis farou-ches, pourquoi donc négligez-vous cette maxime qui vous dispenserait d'avoir une politique ? Et quelle politique avez-vous ?

Je ne sais quel était le roi de vos rêves ; mais, s'il eût ressemblé au roi Louis le onzième, Pâques Dieu ! messeigneurs, quelle hécatombe de personnages dirigeants ! Il eût été capable de *s'enradicailler*, voire même de *s'encommunarder*. « Ah ! se serait-il écrié, vous voulez diriger mon peuple, mes bons ouvriers, mes braves paysans ; non pas, s'il vous plaît ; je suis roi et lion : je croque de race, c'est possible ; mais vous n'avez plus de dents pour croquer et vous feriez souffrir inutilement. Allez dans vos châteaux, allez, messeigneurs, et portez de ma part une offrande à Notre-Dame de Lourdes et une autre à Notre-Dame de Chartres. » Dites maintenant, monsieur le député, que je suis légitimiste.

A vous, messieurs les Orléanistes. Vous, qui avez conquis votre droit de bourgeoisie depuis tantôt un siècle, qu'avez-vous fait ? Comment, vous êtes la richesse, l'indépendance absolue, vous représentez la liberté de la pensée et vous restez dans l'antichambre ? parce qu'il plaît à un cousin d'embrasser son cousin, ce qui est fort bon en soi, faut-il que tous les membres de la famille ressemblent au soliveau de la fable ?

Si j'étais l'oncle d'un tel neveu, je le prierais de parler pour lui et de n'engager personne, ni les siens, ni moi, ni mes enfants. Quant à vous, bons bourgeois, petits-fils de Voltaire, vous voici pieds-nus et en chemise faisant amende honorable ; vous aussi, les graves petits-fils de Jean-Jacques, vous épelez le *Syllabus* et brûlez le *Contrat social*. Il avait fallu huit siècles pour vous placer sur le même rang que la noblesse et le clergé et vous abdiquez ! Feu Louis-Philippe, que vous aviez fait roi à votre image, confiait-il ses fils aux jésuites, ou les envoyait-il avec vos enfants sur les bancs des mêmes colléges ? Ces jeunes princes n'étaient-ils pas bons camarades et assez bons élèves, car l'un d'eux est, je crois, de l'Académie ? Que sont donc devenus ces doux souvenirs d'enfance ? Mais, *que sont devenues les neiges d'Antan*, n'est-ce pas, Messieurs ?

Dites maintenant, monsieur le député, que je suis orléaniste.

Vous qui voulez ressusciter l'Empire, que vous reprocherai-je ? Rien, mes maîtres. Oh ! vous faites des prodiges et la présence de M. Rouher, à l'Assemblée, est plus étonnante que jadis celle du doge de Venise à la cour de Louis XIV.

Le vice-empereur n'est pas encore chez lui, mais il est déjà plus à l'aise. Il regarde en souriant la toile de Pénélope, faite par un côté de la Chambre et défaite par l'autre. Lui aussi étudie, non en théorie comme Montesquieu, mais en habile praticien, les causes de la grandeur et de la décadence d'un empire. Croyez-moi, républicains trop rieurs ou trop candidés, cet homme voit loin ; les splendeurs de 1867, les désastres de Sedan et de Metz, toutes nos infortunes traversent ses pensées sans en troubler l'harmonie. Cet homme sait bien que la légende napoléonienne a perdu de son prestige ; il sait qu'elle est morte depuis qu'on a jeté dans une basse-cour de Berlin les aigles d'Iéna. Il a donc alors pour la dynastie napoléonienne ce fol amour de quelques légitimistes pour la personne d'un roi ? Non, son droit divin, c'est l'appel au peuple, c'est la volonté nationale couronnée par un souverain. L'idéal de

M. Rouher comprend deux nécessités politiques : la première répond à l'aspiration légitime des masses qui réclament leur part d'action dans le gouvernement; la seconde, occulte ou moins avouée, consiste à satisfaire le goût de l'ostentation et du luxe, les convoitises de l'amour-propre et surtout à persuader que ces masses ont besoin d'un régulateur énergique et puissant. Présentée sous une forme séduisante et réduite à sa plus simple expression, cette théorie se formule ainsi : l'Empire est un cercle harmonique qui a le souverain pour centre, le peuple pour rayons et dont la loi détermine la circonférence.

Si vous ne voyez là aucun danger pour la République, je le veux bien et dites aussi que je suis bonapartiste.

En voilà assez, je crois, Monsieur le député, pour que ma lettre déplaise à tout le monde. Et je vois tout le monde se tourner vers le nouveau venu et lui dire : Vous, qui n'êtes qu'un atome, que fallait-il donc faire? La question posée, voici ma réponse ; certain ouvrier disait : Si j'avais de l'argent, je serais horloger, je ferais des pendules et des montres. Le prêteur y gagnerait et moi aussi. Advint qu'un capitaliste lui donna cent mille francs et plus. Les mois s'écoulèrent et ce capitaliste, n'entendant plus parler de l'horloger, le croyait décédé. Il se rendit à la fabrique et trouva l'artiste fort en peine.

Qu'avez-vous donc? Je suis désespéré ; mes ouvriers ne me secondent pas, toutes mes pendules s'arrêtent; vous seriez bien aimable si vous me donniez un bon moyen pour réussir. — Ma foi ! répondit le capitaliste, c'est vous qui êtes horloger et non pas moi ; je fais valoir mon argent, c'est à vous de faire des pendules.

L'ami intraitable qui me poursuit sans cesse et qui m'en veut surtout de m'adresser à monsieur Barodet plutôt qu'à un autre, me fait les observations suivantes : Votre apologue, dit-il, est original mais peu logique. Si j'en tire une conclusion, l'horloger devra se retirer au plus vite. C'est fort bien, mais, dans l'espèce, c'est-à-dire dans la dissolution qui est votre cauchemar, s'il n'y a que les horlogers de la gauche qui se retirent, faut-il laisser les autres tout seuls? Est-ce bien prudent? Est-ce même honnête?

Vous comprenez, monsieur le député, que, si naïf que je sois, j'ai senti que ce cher Pylade voulait me tendre un piége. Est-ce prudent? dit-il. Est-ce honnête? Je le crois bien.

Mon éditeur, par exemple, m'a payé pour traduire Virgile; la traduction faite, mes collaborateurs veulent encore traduire Homère et donnent pour raison que cet éditeur sera enchanté, c'est possible; mais je ne veux pas lui forcer la main. Telle est, à mon avis, la véritable prudence et la véritable honnêteté, qu'il s'agisse d'un homme ou d'un peuple.

Nous pensons à peu près tous de cette manière dans cette humble *couche sociale* cent fois plus utile qu'effrayante. Apprenez donc à la connaître, *vous qui jugez le monde,* comme dirait Bossuet. Cette couche sociale est semblable à celle de vos jardins. Placée à l'ombre et négligée, elle ne produira que des plantes vénéneuses : Exposez-la aux rayons d'un soleil vivifiant, soignez-la sans cesse et vous obtiendrez des primeurs délicieuses, sans épuiser sa fertilité.

J'ai tout dit et je cesse d'écrire. Je tenais la plume, mais cette couche sociale dictait, le sourire gaulois sur les lèvres et la tristesse au fond du cœur.

Je vous salue en son nom,

JOISELLE.

Paris. — Typ. de Rouge, Dunon et Fresné, rue du Four-St-Germ., 43.

EN VENTE A LA MÊME LIBRAIRIE

à Paris.   Franco pour toute la France.

	à Paris	Franco pour toute la France
Dr GAILLOT. — **Un Petit-Fils d'Attila** (Invasion 1870-1871)	3 »	3 30
Les Vices de la Mode (*Vir Liber*)	2 »	2 25

BIBLIOTHÈQUE DÉMOCRATIQUE
DIRECTEUR : VICTOR POUPIN
35 volumes sont en vente.

Le volume	» 30	» 45
Lettres aux Alsaciens, par Ch. MISMER. Liv. 1, 2, 3 et 4, chacune	» 30	» 35

ÉCOLE RÉPUBLICAINE
Par ÉMILE SAUVAGE.

Cette collection traite des questions les plus utiles à l'avenir de la République.

Psychologie sur la Commune	» 30	» 35
De l'Influence de l'Eglise sur l'Etat	» 30	» 36
Du Gouvernement et de la vile Multitude	» 40	» 45
De la Liberté de conscience	» 40	» 45
République ou Monarchie	» 40	» 45
Du Clergé considéré comme société dans l'Etat	1 »	1 10
Paroles d'un Républicain	» 40	» 45

DU MÊME AUTEUR :

Le Clergé et la Démocratie	2 »	2 20

SOUS PRESSE :

De l'ordre moral et du désordre social, par ÉMILE SAUVAGE	» 30	» 35

ÉTUDES COMMUNALISTES
Par JUNIOR.

La livraison	» 10	» 15

Les livraisons 1, 2, 3, 4 et 5 sont en vente. Il paraît deux livraisons par semaine, le mardi et le vendredi.

L'Armée des Vosges, *Ricciotti Garibaldi et la 4e brigade*, récit de la campagne 1870-1871, avec documents et cartes, par ÉMILE THIÉBAUT, ancien officier d'ordonnance de Ricciotti Garibaldi, volume in-18	1 50	1 75
Les Incurables, par ÉMILE SAINT-HILAIRE	1 »	1 20
Donnez-nous un roi (épître aux conservateurs)	1 50	1 65
Les Plaies sociales (l'*Ignorance*), par H. de CASTELNAU (docteur LUX, du *Réveil*)	4 »	4 40

Publications des Éditeurs Armand LE CHEVALIER, A. SAGNIER, E. ROUQUETTE, F. PAGNERRE, etc.

ENVOI DE TOUTE PUBLICATION CONTRE LA VALEUR ET L'AFFRANCHISSEMENT EN TIMBRES-POSTE.

Envoi gratis du Catalogue sur demande affranchie.

Paris. — Typ. de Rouge, Dunon et Fresné, rue du Four-St-Germain, etc.

www.ingramcontent.com/pod-product-compliance
Lightning Source LLC
Chambersburg PA
CBHW051249070726
47594CB00013B/3976